미루나무 아래에서

미루나무 아래에서

友情 주병권 제2시집

동행

詩作하며

지난해 이 무렵,
제1시집 「강과 구름과 바람과 시간」을 출간하였습니다.
부족함이 넘쳤음에도
3쇄까지 발간토록 격려해 주신 독자들께 감사를 드립니다.
많은 분들과 이야기를 나누었고
나의 꿈이 가치가 있다고 믿게 되었습니다.
작은 발걸음이지만 꾸준히 걸어보려 합니다.
두 번째 시집을 엮었습니다.
역시 소박하지만 밝은 희망을 가져보렵니다.
격려를 하여 주신 '종로문협' 문우들,
첫 시집을 통하여 만나게 된 적지 않은 인연들
표지의 글을 허락해 주신 신달자 선생님
그리고 곁에서 늘 한결같은 아내와 딸에게
고마움을 전합니다.

2016년 가을
북악기슭에서 友情

CONTENTS

詩作하며 _ 5

가을비 소묘 _ 12
가을 세일 _ 14
가을에는 한 번쯤 _ 15
가을 철쭉 _ 18
가을 하늘 _ 19
강 _ 20
개망초 _ 21
겨울 나무 _ 22
겨울비 _ 23
꺾임 _ 24
고복저수지에서 _ 25
고향은 나를 떠나지 않았다 _ 26
꽃과 나누는 이야기 _ 27
꽃이 지는 날 _ 29
그것만이 내 세상 _ 30
그 날 _ 31
그대가 머무는 곳 _ 32
그때 그 아이 _ 33
그리워서 좋은 날 _ 34
그 시절 _ 35

CONTENTS

그 집 _ 36
금오지에서 _ 37
기억의 앨범 _ 38
기억의 창고 _ 39
나 홀로 건배 _ 40
낙엽을 태우며 _ 41
낙엽 이별 _ 42
눈나라행 기차 _ 43
눈 내리는 거리 _ 45
뉴샤텔에서 _ 46
능소화 _ 47
늦가을 감나무 _ 48
떠나간 친구에게 보내는 노래 _ 49
떠나는가, 이 오월에 _ 50
도하의 폐허 _ 52
두물머리 _ 53
들꽃의 강가에서 _ 54
등불꽃 _ 55
등불을 거는 밤 _ 56
뜰에 가을이 오네 _ 58
런던 프라이드 _ 59
매미 _ 60
모과 _ 61
목련이 지는 날 _ 62

CONTENTS

무궁화 기차 _ 63
미루나무 아래에서 _ 64
바람 소리뿐 _ 66
바람이 분다 _ 67
바람처럼 왔다가 이슬처럼 가고 싶다 _ 68
밤의 기네스 _ 70
백운산에서 _ 72
베를린 분단의 벽에서 _ 73
보이지 않는 사랑 _ 74
불금의 파티 _ 75
불면 _ 76
비 내리는 날의 독백 _ 77
비에 젖는다 _ 79
비 오는 거리 _ 80
비 오는 날의 수채화 _ 82
사람이 꽃보다 아름다워 _ 83
사랑의 흔적 _ 84
사막의 꽃 _ 85
사직동 가는 길 _ 86
산보 _ 87
삶 _ 88
서러워 좋은 날 _ 89
성북동 성당 _ 90
손짓 _ 91

CONTENTS

술이 필요한 이유 _ 92
스테인드 글라스 _ 93
시디 부 사이드의 '좁은 문' _ 94
시우리를 지나며 _ 96
아버지의 편지 _ 97
아우라지역 _ 98
아이에게 _ 99
애기똥풀꽃 _ 100
어머니 _ 101
여행 스케치 _ 102
역방향 좌석 _ 104
옛 생각 _ 105
오늘밤에는 _ 106
외롭지 않은 사람은 없다 _ 107
윤곽 _ 109
은혼의 날 _ 110
인연 _ 111
잠수교 _ 112
정동진에서 _ 113
제주에서는 _ 114
주민으로 등록한 날 _ 115
질문 _ 116
차창에는 비 _ 117
창밖에는 시간, 창 안에는 어둠 _ 118

CONTENTS

초록의 갑옷을 입어라 _ 119
튀니스, 메디나에서 _ 120
파도의 길을 떠난 제자들에게 _ 122
편지 _ 124
편지를 쓴다 _ 125
하루살이 _ 127
회상 _ 128
KIST _ 130

탈고를 위한 단상 _ 132

미루나무 아래에서

가을비 소묘

밤새 비가 왔나 보다
비가 채 그치지 않은 아침
문을 열고 길을 나서면
가로등의 차가운 불빛이
젖은 노면에서 잘게 부서진다

가을이 떠날 준비를 하나보다
뒤안길, 북악에서 내려오는 바람이
젖은 낙엽, 그 처량한 내음을
담배 연기와 함께
폐 깊숙이 밀어 넣는다

가을은 오갈 때 늘 인사를 한다
나뭇잎을 물들이고
세상 가득 쓸쓸함을 채우고
이제는 흠뻑 젖은 마음을 두고
작별 인사를 한다

그리고 멀리 떠나려나 보다
여물지 않은 과일
물들지 못한 이파리들이
거두지 못한 마음과 함께
가을 바람에 쓸쓸히 흔들리는데

밤새 비가 왔나 보다
비가 채 그치지 않은 아침
문을 열고 길을 나서면
외로운 사람들은
제각기 어디론가 향하고 있다

가을 세일

목련나무에서, 은행나무에서
금화들이 한 닢씩 떨어져 쌓인다
이 금화들을 모두 그러모으면
가을이 진열해 놓은 선물들을
얼마 정도나 살 수가 있을까

그리움과 기다림, 고독과 방황
추억과 애수, 쓸쓸한 모습까지
모두를 예쁘게 포장을 하여
두고 간 인연들에게 선물하면
가을의 진열장은 텅 비어질까

가을에는 한 번쯤

가을에는 한 번쯤
이렇게 하루를 보내는 거야

못내 떠나갈 시간이 오면
플라타너스 신작로든
은행나무 아스팔트 길이든
그리운 맘으로 길을 나서며
이곳 저곳을 거니는 거야

북악산 기슭이라도 좋아
평창동 미술관길이라도 좋아
부암동 마을이라도 좋아
삼청동 카페거리라도 좋아
인사동 겔러리촌이라도 좋아

가슴 아팠던 추억
혹은, 닿지 않아 못내 불안한
먼 훗날을 바라보며
씁쓸하게 웃음도 지어보고
우울하게 한숨도 쉬어보고

걷다가 가을비라도 내리면
낮은 조명의 카페
구석진 테이블에 앉아

흐르는 음악을 맘에 들어하며
하얀 냅킨에 낙서도 해보는 거야

우연히 백영규의
'슬픈 계절에 다시 만나요'
노래라도 흘러나오면
소원했던 이들에게 우연인 듯
전화도 한 번 넣어보고

운 좋게 도킹이라도 되면
실내 포장마차, 구석진 창가
그리움을 사이에 두고 앉아
그간 살아온 사연들을
정겹게 풀어보는 거야

못내 돌아갈 시간이 오면
가을빛 바람 부는 길이든
낙엽이 헤매이는 길이든
외로운 맘으로 길을 나서며
이 생각 저 생각 해보는 거야

희미한 어린 시절도 좋아
떨어진 시험 생각도 좋아
무너진 헛된 야망도 좋아

쓸쓸이 돌아서던 순간도 좋아
중년의 씁쓸한 소외감도 좋아

가을에는 한 번쯤
이렇게 하루를 보내는 거야

가을 철쭉

봄에만 철쭉이
피라는 법이 있나
가을 서리 아래도
겨울 바람 아래도
그리움이 사무치면
필 수도 있는 게지

제 멋에 눈이 멀어
열흘 만에 시들어도
꽃 위에 눈이 내려
낙화 없이 사라져도
외로움이 사무치면
필 수도 있는 게지

가을 하늘

가을 하늘을 보면
모두가 넓은 마음

구겨졌던 마음도
축축했던 마음도
넓게 펼쳐진다

가을 하늘을 보면
모두가 높은 꿈

멈추었던 꿈도
무너졌던 꿈도
높이 솟아오른다

가을 하늘을 보면
파란 마음 파란 꿈

녹색 농촌도
회색 도시도
파랗게 물들어 간다

강

나는 강이 좋다
그래서 강가에 살고 싶다
작은 물길들이
모여 모여 만들어지고
흐르고 흐르다
바다로 이어지는 강
그래서 강은
시작도 끝도 없이 흐른다
계곡의 소리가 없고
바다의 파도가 없는 강
그래서 강은
흐르지 않는 듯 흐른다
산을 만나면 구비를 돌고
물을 만나면 어우러지는 강
그래서 강은
순응하며 흐른다
구름인 듯
바람인 듯
시간인 듯 흘러가는 강
나는 강이 좋다
그래서 강이 되고 싶다

개망초

나라가 망하던 해 무리지어 피어난 꽃
죄가 없어도 죄인인 듯 붙여진 이름
그래서 천한 이름의 주홍글씨를 달고
가는 줄기, 작은 꽃을 뒤안길에 피웠다

미움과 멸시로 수도 없이 부대끼며
설움과 아픔으로 한백년을 견뎌왔다
그래도 풀꽃이라 빛을 향하여 피고
바람에 낮게 흔들리며 이슬에 젖는다

먼 바다를 건넌 아픔이 사무쳐서
남의 땅에 내린 뿌리가 서글퍼서
모든 화려함이 어둠에 묻히는 밤에
낮은 허공에 하얀 별로 외로이 뜬다

겨울 나무

꽃도 지우고 잎도 내리고
저토록 비우려는 자아
저 고귀한 무소유

겹겹이 두르고 몸을 감싸고
이토록 채우려는 욕망
이 초라한 소유

겨울비

겨울비가 내리면 비에 젖어라
오죽하면 겨울에 비가 내리랴
영하의 한겨울에 영상의 비가
언 땅 쌓인 눈도 녹이는 비가
겨울나라 곳곳에 내리고 있다
만인에게 공평히 내리고 있다

겨울비가 내리면 술을 마셔라
오죽하면 겨울에 비가 내리랴
얼어버린 마음에 따뜻한 비가
메마른 눈시울을 적시는 비가
겨울 가로등길에 내리고 있다
밤새도록 술잔에 내리고 있다

꺾임

북악을 오르는 길
꺾인 자작나무를 본다
세찬 바람 때문인가
삶의 역경인가
다시 설 수 없어
애달픔이 더하다

외진 비탈에서
나고 자란 세월이
긴 사연일진데
세파에 꺾여 쓰러져
비에 젖은 땅에
몸을 누이고 있다

눈물로 젖은 땅에
꺾여 쓰러진 인생들
날은 저물고
하늘빛 흐린 날
자꾸 뒤를 돌아보는
서글픈 풍경이다

고복저수지에서

그곳에서는
햇살이 물의 표면을
스치듯 지나고 있었지
멀리 있는 산이 호수가 그리워
아래로 아래로 내려와
산 그림자가 되고 있었지
하루 내내 물을 가로지른 해가
낮게 앉은 산을 넘어가면
노닐던 물고기들이 그리움에
위로 위로 올라와
수면에 작은 동그라미들을 만들고 있었지

그곳에서는
멀리 있는 그리움이 가까이로 와
산 아래에 물가에 낮게 머무르고 있었지
오랫동안 그리워했던 이들이
햇살이 되어 물결이 되어
어우러지고 있었지

고향은 나를 떠나지 않았다

3월의 차가운 바람이 부는 새벽
제천발 청량리행 기차에 오른다
꿈을 찾아, 허망한 불꽃을 찾아
수없이 등지고 떠나버린 곳
바람이 되어 흘러간 세월
희미한 첫사랑, 젊은 날처럼
고향은 떠나기 위해 있었다

3월의 빛이 꿈인 듯 오는 아침
기적 소리를 남기고 멀어져 간다
옛 동무들, 그리운 노모가
돌아올 나를 기다리는 곳
빛이 되어 머무는 기억
돌아보는 그리움, 추억처럼
고향은 나를 떠나지 않았다

꽃과 나누는 이야기

자연은 이야기를 꽃으로 전한다
뿌리 아래 깊숙한 어둠으로부터
어젯밤의 별빛, 새벽의 이슬 이야기까지
바람 차가운 날, 작은 씨앗으로 떨어져
아래의 어둠, 위의 빛으로 나고 자라서
줄기를 세우고 잎을 열고
꽃으로 피어난 세월 이야기까지

인간사 5감에서
보아서 얻는 소식이 대부분이고
여기에 향기까지 더해지니
꽃이 전하는 이야깃거리가 넘친다
땅 아래 지하수, 하늘 위 은하수
그 깊은 이야기를 두레박으로 건져 올려
형형색색 아름다움으로 펼쳐 놓는다

땅으로 낙하한 수많은 씨앗에서
생을 부여잡고 힘겹게 피어난 의지
지하수 아래의, 은하수 위의 이야기들
색깔과 향기만큼이나 서로 다른
아기자기하고 구구절절한 사연들
더 없는 아름다움으로 피기 위해
겪어야 했던 슬프고도 모진 사연들

오늘도 나는 봄볕 아래에서
꽃들과 마주보며 이야기를 나눈다
빛으로 향기로 바람으로 전하는 말
꽃 그늘 아래, 나도 꽃으로 머물고 싶다
삶의 희로애락을 꽃처럼 엮어간다면
언젠가는 한 송이 꽃으로 필 수 있을까
속삭이듯 꽃들에게 묻고 있다

꽃이 지는 날

꽃이 지는 날
오래된 사랑도 지고 있다
낡은 셔츠를 걸치고
친구를 만나러 가던 날
꽃잎이 떨어지는 나무 아래로
이별이라는 쪽지가 왔다
친구에게
소주 몇 병을 들고
꽃나무 아래로 오라 했다

낙엽이 아닌
꽃이 지는 날
꽃나무 아래 술잔으로
꽃잎들은 떨어지는데
오래된 기억, 오래된 사랑도
꽃잎들 사이로 떨어져 내리는데
봄이 가듯 사랑도 가고
오늘 하루도
셔츠처럼 낡아만 간다

그것만이 내 세상

'그래 아마 난 세상을 모르나 봐
혼자 이렇게 먼 길을 떠났나 봐'

얼마나 더 멀어져야 세상을 알 수 있을까
길을 떠날 때도 모르던 세상이었고
멀어질수록 세상은 더욱 모르게 다가왔다
살아온 길, '그것만이 내 세상'일까
살아갈 길, '그것이 나만의 세상'일까

굽어 오던 바로 오던, 예까지 온 인생길
이별과 후회만큼 인연도 의미도 있었다
가을 들녘에 멈추어 잠시 숨을 고르며
걸어온 길, 가야 할 길을 생각하는데
동행하여 온 계절은 앞장을 서고 있다

너무 멀리 와서 돌아가기에는 늦은 걸까
먼 길은 더욱 먼 길이 되어 가는데
다시 또 길을 찾아 떠나야만 한다
20대 시절, 되뇌던 들국화의 노랫말
50대가 되어 어렴풋이 다가오고 있다

그 날

그 날, 돌이킬수록 채색되는 날

그 날의 아득한 웃음은
창가에 초콜릿 빛으로 머무르는데
얼마나 더 아름다워야
그 날이 되어 웃을 수 있나

잊으려 할수록
빛은 커튼을 밀며 더욱 깊이 들어와
그 날의 정물
그 날의 모습에 색을 칠하고

창밖, 아득한 그날은
창가 테이블로 세팅되어
그리운 정물로
그리운 모습으로 나를 부른다

그대가 머무는 곳

돌아선 그대는 떠났습니다

그대는 내가 바라볼 수 없는 곳에 있습니다
그대는 내가 부를 수 없는 곳에 있습니다
그대는 내가 안을 수 없는 곳에 있습니다

그러나 나는 그대가 머무는 곳을 알고 있습니다

밤하늘에 촘촘히 걸린 등불들
은하수 그늘 아래에 그대는 있습니다
민들레 향기를 담고 지나는
바람결이 닿는 곳에 그대는 있습니다
푸른 소나무를 품고 흐르는
강줄기가 쉬어가는 곳에 그대는 있습니다

그리고 나는 그대가 머무는 곳으로 띄울 편지를 씁니다

해지는 들녘
들국화 벌판을 지나 까치발을 딛고 그대를 찾던 검은 눈동자
때로는 웃음이 되고 때로는 눈물이 되는 우리들의 이야기들
그리워 그리워서
그대인 듯 덥석 안아버린 그림자 길게 드리운 느티나무

모두를 담아 그대가 머무는 곳으로 주소 없는 편지를 보냅니다

그때 그 아이

들꽃처럼
발 디딜 곳을 가리지 않고
그저 푸른 하늘만을 향하여
높이 피어오르던 시절
그때 그 아이

언제부터인가
눈앞에 보이는 곳을 향하여
모질게 달려온 세월
길 위에 두고 온
그때 그 아이

힘겹게 따라오다가
지쳐 주저앉고 말았는지
어디쯤에서
기다리고 있는지
그때 그 아이

낙엽이 지면
그 모습이 그리워지고
멈추어 서면
멀리서라도 다가올 듯한
그때 그 아이

그리워서 좋은 날

닿을 수 없는 풍경이 아름답듯이
그리운 이가 있음도 좋은 일이다
소나기가 길손 마냥 지나간 오후
떠난 너를 웃음 속에 그리워한다

그 어디서 어떻게 살아가고 있나
그 시절 추억들은 가슴속에 있나
바람에 흐르는 구름으로 떠난 너
시간의 강가에서 잊혀져 가는 너

혼자라서 익숙해진 텅 빈 곳에서
멀리 보이는 풍경에 너를 앉히고
한바탕 퍼붓고 간 비구름과 같은
젊은 날을 웃음 속에 그리워한다

그 시절

아스팔트 틈 사이에서 돋은 민들레가
씨앗을 바람결에 실려 보내고 있다
보이는 곳은 전부 아스팔트뿐인데
씨가 닿을 수 있는 땅은 어디쯤일까
이 척박한 곳에서 멀리 멀리 떠나라는
민들레의 염원이 귓전에 들리고 있다

우리 어릴 적, 부모들이 그러했으리라
가난과 고생으로 일구어가는 삶에서
자식들만은 벗어나기를 바랬으리라
충북 제천에서도 한참이나 떨어진
산골마을에서 청량리역을 향하던 날
나 어릴 적, 내 부모의 마음이었으리라

그 집

동구 밖에서 노닐다가 돌아와도
잠자리를 좇아 마당을 기웃거려도
그 집은 늘 그 모습으로 있었다

저녁 군불에 피어오르는 연기는
새벽 안개인 듯 곱고 고요한데
그 집은 돌아오는 이도 없었다

봄비가 마당을 소리 없이 적시고
흰 눈이 낙엽 쌓인 지붕을 덮는데
그 집은 떠나가는 이도 없었다

먼 곳에서 다시 고향을 찾아도
적막감에 헛기침을 크게 하여도
그 집은 늘 그 모습으로 있었다

금오지에서

하늘이 빛을 잃어 화선지를 펼치면
먼 곳의 산들은 수묵화로 다가선다
물결이 드리우는 그림자 풍경 위로
쌓여진 돌탑마다 품고 있는 사연들
물가의 나뭇가지로 물새가 오르면
별빛으로 달빛으로 꿈인 듯 내린다

기억의 앨범

성균관대 정문 앞 빛바랜 건물
'Drum'이라는 간판의 저 카페
25년 전, 사회 초입이던 그때는
'마른 잎 다시 살아나'라는 이름
노찾사의 민중가요 제목을 딴
그 이름의 카페로 기억이 된다

지금은 아내가 된 나의 연인과
구석진 테이블에 나란히 앉아
갓 내린 커피와 초콜릿빛 밀어
그 향기와 기억이 떠오르는데
스무 살을 훌쩍 넘긴 딸아이가
자기 학교 앞이라 앞장을 선다

앞서 걷는 아내와 딸의 뒷모습
길다면 긴 세월은 그리 흘렀고
25년 전 그날도 어젯밤의 꿈도
기억의 앨범에 차곡차곡 쌓여
오늘도 언젠가의 기억이 될까
그날의 햇살이 거리에 내린다

기억의 창고

보고픔도 잊고픔도 아픔이라면
기억의 창고를 만들 수 없을까

보고플 때
꺼내어 들여다보고
잊고플 때
깊숙이 밀어 넣으면

보고플 때와 잊고플 때를 가리지 않는
기억의 짓궂음을 피할 수 있을까

나 홀로 건배

파리 소르본 대학가 인근, 먹자골목
생맥주는 필수, 분위기도 그런대로
안주는 다소 퀴퀴한 치즈 퐁뒤로 한다

버너 위 낡은 냄비에 치즈를 녹이고
늙은 웨이터가 손수 뜯어준 호밀빵
꼬챙이에 끼워 지휘봉인 듯 젓는다

이리 저리 둘러앉은 이방인들아
세파를 피해 사라진 젊은 날들아
가고 오지 않는 잊혀진 추억들아

왕년에는 나도 캠퍼스의 낭만이었다
내 잔은 내가 채운다. 그날을 그리며
술친구는 없어도 좋다. 나 홀로 건배

낙엽을 태우며

한 세월을 살아온 수고들이
저마다의 색깔로 낙하한다
예쁘고 화려한 색만큼이나
슬프고도 아픈 색깔도 있다

어찌 살아왔던 그 이야기는
한 권의 장편소설이 되어
쓸쓸히 남겨진 나뭇가지에
때로는 눈이 되어 쌓이고
때로는 비가 되어 젖으리라

찬란한 날들의 화려한 소멸
타고 남은 재, 오르는 연기
그 떠난 자리에 언제인가는
다시 싹이 돋고 꽃이 피리라

낙엽 이별

낙엽! 그렇게 붙여진 이름
머무를 의미를 잃은 몸짓
그 떨어짐의 오묘한 의미
그 떨어짐을 탓하랴
다시 오를 수는 없지 않은가
모두가 내려오는 이 계절에

이별! 그렇게 붙여진 이름
머무를 의미를 잃은 몸짓
그 멀어짐의 오묘한 의미
그 멀어짐을 탓하랴
다시 잡을 수는 없지 않은가
모두가 떠나가는 이 계절에

눈나라행 기차

칙칙폭폭
무궁화 기차는
남쪽으로 가고 있다

눈은
점점 더 높아져
발목으로 허리로
가슴 높이로 오고

나는
점점 더 낮아져
하얀 눈 아래로
더 깊이 들어간다

이대로
눈사람이 되어
눈나라의
겨울을 살아볼까

봄볕이 오면
그 따스한 화형
공기가 되어
허공으로 사라질까

칙칙폭폭
기차 안 사람들은
눈사람이 되고 있다

눈 내리는 거리

가볍게 눈이 내리는 날
카페에서 거리를 보며
눈처럼 가벼운 아메리카노
한 페이지 넘어가는 책장

목젖이 보이는 웃음도
눈시울이 젖는 울음도
눈송이로 날리는 추억
이렇게 흘러도 좋은 시간

너무 멀리 떠나지도
가까이 다가오지도 않는
적당한 시야 적당한 거리
이렇게 흘러도 좋은 하루

그리움 속에 묻힌 슬픔
기쁨 속에 담긴 두려움
이별만큼 이어지는 재회
이렇게 흘러도 좋은 인생

뉴샤텔에서

취리히에서 덜컹거리는 기차를 타고
산과 호수를 지나면 뉴샤텔에 닿는다
묻혀 있어서 좋은 곳, 칩거할 수 있는 곳
나는 자유인이 된다. 호수의 마을에서

시내에서 전차로 다시 떠나면 아레우스역
그리고 멀리로 걸으면 멀리 잊혀져 간다
너무 넓어서 바다가 되어버린 호수
중세의 옛 시가지, 포도가 익어가는 마을

이렇게 머무르고 떠나고, 떠나고 머무른다
이팅거 맥주에 곁들이는 뉴샤텔 퐁듀
가을인 듯 서늘한 바람이 흐르고 있다
멀리 호수 너머로 해가 떠나가고 있다

능소화

슬픈 꽃 능소화가
기와 담장 너머로
힘없이 고개를 내민다

구중궁궐
님을 기다리다 꽃이 된
슬픈 궁녀의 한

그래서 능소화는
한옥 담장 너머로
슬픈 듯 피어야 제격이다

사모에 높고 낮음이 있으랴
사모에 멀고 가까움이 있으랴

비 내리는 밤
너를 기다리는 마음이
빗물 흐르는 들창을 넘는다

늦가을 감나무

노친네가 걸고 있는 주홍 열매들

손마디가 힘겨워 꺾이듯 내려놓고

그 서러운 상처가 아물어 가도록

빈 하늘에 손마디를 담그고 있다

떠나간 친구에게 보내는 노래

여름의 녹음보다 짙은 우리의 우정
가을의 낙엽이 되어 내려앉는가

사소한 오해인지 피할 수 없는 숙명인지
세월이 흐른 후에야 비로소 알게 될 것을

이별에 의미를 두지는 말자
오해였다면 돌아올 것이고
숙명이었다면 받아들일 수밖에

내가 할 수 있는 것은 시간에 기대어 서서
멀어져 간 너에게 나의 노래를 보내는 것

돌아올 너를 기다리는 재회의 노래를
잊혀질 너를 회상하는 이별의 노래를

떠나는가, 이 오월에

화창한 날
내 몸에 부딪혀 보석처럼 빛나던
은빛 햇살들은
녹음에 밀려 떠나고 있다

오월 어느 날
아카시아꽃 향기가
물결이 되어
골목길을 돌아 돌아 흐르던 날

뒷산의 녹음은
마을 어귀까지 내려와
내 몸에, 내 마음에
녹색 그림자를 짙게 만들어 가고

젊은 날들을 지탱하여 왔던
나의 젊음, 나의 사랑은
아카시아꽃 향기가 되어
짙은 녹음 속으로
떠나고 있다

가을의 이별보다
봄의 이별은 밝다

그래도
내 젊음, 내 사랑은
떨어지는 낙엽이 아닌
아카시아꽃 향기 짙은 녹음과 함께
떠난다

가을의 이별 뒤에 마시는 술은
차가운 땅을 일어서는 안개가 되어
머릿속의 상처로 깊게 파고들지만

봄의 이별 뒤에 마시는 술은
슬픈 소리로 흐르는 시냇물이 되어
가슴을 부드럽게 적신다

이제 떠나는가
나의 젊음, 나의 사랑은
아카시아꽃 향기가 되어 짙은 녹음 속으로
시냇물이 흘러가는 곳으로
이 오월에

도하의 폐허

초현대식 건물에만
눈길을 둘까
폐허는 앞으로도
영영 만날 수 없겠지

사라질 것들을 찾아
구석 구석을 헤집는 길
드러난 흙더미 위로
모래 바람이 불어온다

다시 찾는 날
길은 새로이 포장되고
폐허 위로 문명은
더 높이 솟아오르겠지

다가오는 것들에만
눈길을 둘까
사라지는 것들을
서둘러 찾아가 보자

두물머리

두 개의 큰 물줄기가
머리를 맞대는 곳
남한강과 북한강이 만나
한강으로 하나가 되는 곳
서로 다른 곳에서 발원하여
유구장장, 수백 리 물길을
제각기 흘러온 큰 물줄기들이
작은 소리도 흔들림도 없이
서로를 품어가고 있다
그래서 두물머리에 서면
포용의 아름다움이 보인다

한 줄기 시냇물이라도
고요히 품어본 적이 있었던가
작은 움직임이 다가올 때
잃을 것이 두려워
뒷걸음치지 않았던가
나를 향한 이들에게
선뜻 가슴을 내어주지 못하였고
내가 향할 이들에게
선뜻 손을 내밀지 못하였다
두물머리에 서서
포용의 미덕을 배우고 있다

들꽃의 강가에서

빛과 바람만이 머무는 강가에서
멀리로 흘러가는 강을 본다
강으로 향하는 나의 시선은
망초꽃과 금계국 무리를 지난다

망초꽃 꽃말은 '화해'
금계국 꽃말은 '상쾌한 기분'
이제, 떠나간 인연들과 화해를 하고
상쾌한 기분으로 저 강을 향하고 싶다

강이 향하는 길, 저 먼 곳에는
먼저 다다른 인연들이 기다리고 있을까
내 쓸쓸히 그 나루에 닿으면
지친 어깨에 손을 얹어줄까

그리웠다고 그리웠다고 말해 버릴까
외로웠다고 외로웠다고 말해 버릴까

물결 위를 스치는 빛의 눈부심
자작나무를 지나는 바람결
모두를 여기에 두고 이제는
먼 곳, 잊혀진 곳을 향하고 싶다

등불꽃

가을 국화를 건다
가을이 오기 전에
계절보다 먼저
그 계절의 꽃을 건다

계절이 오고 있으니
떠난 인연도 돌아오라고
계절보다 먼저 와서
계절로 함께 가자고

멀리 어딘가
세상 모르고 떠난 곳
이 꽃으로 길을 삼아
터벅터벅 돌아오라고

계절이 오기 전에
걸어 놓는 계절의 꽃
그래서 나는 이 꽃을
'등불꽃'이라 이름한다

등불을 거는 밤

내가 등불을 거는 이유는
지금도 오고 있을 그대에게
한결같은 기다림을 전하고자 함입니다

등불은 감나무의 긴 그림자를 만들고
기껏해야 그 그림자 끝자락만큼만 비춥니다

등불이 가슴속 깊이 있을 때에는
눈을 감으면 참 멀리도 비추었습니다

어린 시절
감나무 꼭대기에 걸린 방패연도
저 멀리서 장 보따리를 이고 오시는
어머니의 옥색치마의 일렁임도
감은 눈 속에서 떠오릅니다

어른이 되어 등불을 거는 밤
바람은 불고, 땅으로 내려앉은 눈송이들은
다시 하늘로 오르고 있습니다

시린 가슴을 안고
기껏해야 감나무 높이에서 흩날리는
잘게 부서질 눈송이들을 곁눈질하며
등불을 걸고 있습니다

지금도 어딘가에서
외롭게 오고 있을 그대를 위해
내 기다림이 바람을 타고, 눈송이를 타고
멀리 멀리 전하여지기를 바라면서

그대여
내 등불을 보려거든 눈을 감고 오십시요

뜰에 가을이 오네

뜰에 가을이 오네
대문도 열지 않고 담장도 넘지 않고
그리움이 밀려서 오듯이
그렇게 가을이 오네

뜰에 가을이 오네
낮은 여운도 없이 작은 몸짓도 없이
신비로움이 은은히 감싸듯이
그렇게 가을이 오네

뜰에 가을이 오네
웃음소리도 아닌 울음소리도 아닌
종소리가 울려 퍼지듯이
그렇게 가을이 오네

뜰에 가을이 오네
지난해의 이별처럼 올해의 재회처럼
기다림이 계절을 부르듯이
그렇게 가을이 오네

런던 프라이드

비 내리는 밤
보스톤에서는 사무엘 아담스
프라하에서는 필스너 우르켈
런던에서는 런던 프라이드이다

런던에서는
런더너가 되어야 하고
런더너는
런던 프라이드를 마셔야 한다

페일 에일의 캐스크 비터 비어
적갈색의 무겁고 순한 맛
차갑지만은 않은 온도
신속한 거품의 소멸

런던에서는
프라이드를 가져야 한다
홀로 세운 프라이드로
런던 프라이드를 마셔야 한다

비 내리는 밤
적갈색의 가로등 불빛
적갈색으로 데코된 펍의 창가에서
적갈색 캐스크 비어를 마셔야 한다

매미

10년을 침묵 속에 살다가
열흘을 울부짖고 가는 매미

50년을 울부짖고 살아온 나는
며칠을 침묵할 수 있었을까

모과

이제는
사람을 만나면
그 생김새에서
살아온 모습이 보인다

오랜만에 만난 벗

얼굴에 주름은 늘었어도
삶의 향기가 더없이 곱도록
삶의 의지가 더없이 크도록

선하게도
열심히도
참으로 아름답게 살아왔구나

모과처럼

목련이 지는 날

목련이 지는 날에는
목로주점에서 술을 마시자
하얀 꽃잎들이
검은 빛깔로 떨어지는 날
검은 뒷모습으로
떠나간 사랑을 그리워하자

잎보다 먼저 피는 꽃
철들기 전에 온 사랑이었다
짧게 피고 사계절을 기다리는 꽃
사랑은 짧고 헤어짐은 길었다
빛이 아닌 북향으로 피는 꽃
먼 곳으로 너는 떠났다

목련이 지는 날에는
목로주점에서 술을 마시자
빛이 어둠으로 떨어지는 날
휑한 두 눈
구부러진 어깨로
돌아올 사랑을 그리워하자

무궁화 기차

그나마
기차답게 가는 기차는
무궁화뿐인 듯

칙칙폭폭 느리게
커튼도 열고 닫고
작은 역들도 지나고

차창 가에 앉으면
풍경은 책장인 듯
편히 넘어가고

깜빡 잠도 들고
깨어서 책도 읽고
참, 기차답게 간다

미루나무 아래에서

길을 걷다가
나무에 걸린 연을 본다
금빛 연이 햇살에 반짝이고 있다
연을 날리던 아이가 궁금해진다

밤을 새워 만든 가오리연이
미루나무 꼭대기에 걸린 적이 있었다
고사리 손으로
연을 가리키며 울기만 할 때
눈물이 볼에서 얼어갈 때
연도 긴 꼬리를 흔들며 울고 있었다
밤이 오고
연의 미동조차 보이지 않을 때
논둑길을 넘어지듯 집으로 왔다

나는 다음날에는
미루나무 아래로 가지 않았다
어제의 그 아픔이 죽을 만큼 싫어서
또 죽고 싶지 않았는지도 모른다
세월이 가고
기억도 희미해져 가지만
누군가 멀리 떠나면
미루나무에 걸린 가오리연의 긴 꼬리가
자꾸 떠오른다

나는 다음날에도
미루나무 아래로 갔어야 했다
연을 내리던지
연을 멀리로 날려 보내던지
그도 저도 안 되면
내 마음도 죽을 만큼 아프다고
죽고 싶지 않아 너를 두고 돌아선다고
말이라도 전했어야 했다
마음이라도 전했어야 했다

바람 소리뿐

들창 밖에 가을이 오는 소리
담쟁이 이파리들이 흔들리는 소리
그 쓸쓸함이 그리워 창 너머를 보면
그저 바람 소리뿐

아버지가 싸리비로 마당을 쓰는 소리
어머니가 저녁 무렵 키질하는 소리
고향이 들리는 듯 창 너머를 보면
그저 바람 소리뿐

지나는 바람 속에 담긴 소리들
계절이 가는 소리, 고향이 오는 소리
그리워 허공으로 귀를 기울이면
그저 바람 소리뿐

바람이 분다

바람이 분다
높은 하늘로 솟은
미루나무가 흔들린다
반짝이는 빛의 조각들이
마루나무 이파리에서
물방울처럼 튀어 오른다

바람이 분다
높은 하늘에 떠 있는
뭉게구름이 흘러간다
아련한 그날의 기억들이
흘러가는 구름으로부터
어젯밤 꿈처럼 내게로 온다

언제부터인가
바람이 전하는 몸짓들
내 마음을 울려왔음을
이제는 바람 따라 흘러가볼까
그날처럼 오늘도
바람이 분다

바람처럼 왔다가 이슬처럼 가고 싶다

바람처럼
경계없이 방향없이 흐르고
이슬처럼
미련없이 흔적없이 가고 싶다

보이는 대로 보고
느끼는 대로 느끼고
마음가는 대로 걷고
시간가는 대로 가고 싶다

나 떠나는 날 네가
너무 슬퍼하지도 않고
너무 절망하지도 않고
잠시 이별이 아쉬워서
먼저 가서 기다리라는 듯 가고 싶다

나 떠난 후 네가
눈 오는 날 춥지 않은 쓸쓸함으로
비 오는 밤 아프지 않은 그리움으로
엷게 미소 짓는 입가의 커피 한 잔
그런 기억으로 가고 싶다

바람처럼
자유로이 시공을 흐르며 살고
이슬처럼
티 없이 짧게 빛나는 모습으로 가고 싶다

밤의 기네스

도시의 밤은
네온 빛에 출렁이고
유일한 어둠은
기네스 안에 머물고 있다

위로를 찾아
불빛 속을 헤매이지만
안식의 요람은
거리 어디에도 없다

나그네와 방랑자의
헛웃음과 빈 노래일 뿐
불빛으로 부서지는
낡은 사랑의 언약일 뿐

외로움인가 그리움인가
기다리는가 돌아서는가

빛의 밤을 헤매이는
휑한 눈의 영혼들아
어깨 스치며 지나는
찰나의 인연들아

검은 밤이 그리우면
마른 꽃으로 시들어 버린
그대의 심장을
기네스로 적실 일이다

백운산에서

산마루가 계곡으로 안개를 내리면
계곡은 산마루로 물소리를 올린다
밤새 내린 비, 빗물로 잎에 맺히고
햇살이 잎을 스쳐 보석으로 빛난다
바람이 산골을 돌아 내게로 오는데
이곳인가, 그토록 닿고 싶었던 곳이
무념무상으로 더 깊은 산길을 간다

베를린 분단의 벽에서

나라와 나라 사이에만 장벽이 있을까
집단과 집단 사이, 우리와 그들 사이
나와 너의 사이, 혹은 내 마음속에도
높고 낮고 넓고 좁은 장벽들이 있다

나라의 장벽은 모두가 함께 넘지만
외면 속에 우리가 넘어야 할 장벽도
너와 나 둘이서, 더러는 나 혼자서
힘겹게 홀로 넘어야 할 장벽도 있다

보이지 않는 사랑

사랑은 투명하여 보이지 않아
여러 모습으로 나타나네

웃음으로 눈물로
포옹으로 입맞춤으로
가까이서 오는 숨결로도
멀리서 오는 그리움으로도

사랑은 수줍어하여 나서지 않아
요기조기 숨어 있네

눈동자에 가슴속에
동화 속에 낙엽 아래에
가까이 머무는 바람결에도
멀리 떠가는 구름 위에도

사랑은 조용하여 소란하지 않아
낮은 소리로 속삭이네

눈빛으로 손길로
현의 떨림으로 오르골 울림으로
가까이서 들리는 노래로도
멀리서 흐르는 메아리로도

불금의 파티

화려한 벗들과 불빛의 나무
그 웃음과 눈부심에 취하려
습관으로 펼치는 불금의 파티

슬플수록 마주하는 웃음
느낄수록 외면하는 울음
오늘만을 느끼는 절정의 순간

언젠가 벗들은 멀어져 가고
어둠 속의 초라함은 다가오고
모든 것은 떠나고 잊혀질 파티

지나간 한 주를 잊기 위하여
다가올 한 주를 맞기 위하여
습관으로 펼치는 불금의 파티

주중의 인내로 꽉 찬 수액
과로의 열기로 내리쬐던 빛
그 스트레스로 익어온 오늘

언젠가 오늘은 낙엽이 되고
열정은 노쇠하여 물러가고
모든 것은 떠나고 잊혀질 파티

불면

초승달에 옷을 걸고
은하수로 '첨벙!'

그 검고 밝음 속
깊이 자맥질을 하면
별무리만큼이나
많은 사연들

조약돌을 건지듯
하나 둘 집으려 하면
기억의 꼬리를 물고
떨어지는 유성들

비 내리는 날의 독백

떨어지는 비는
나뭇결을 타고 내려와
머리맡의 창을 흐르고
빗방울은 심장 속으로 떨어져
혈관을 타고 흐른다

빗속에 담겨 있던
지난날의 이야기들은
끊임없이 몸속을 돌고 있다
때론 차갑게 때론 뜨겁게
마음을 어루만진다. 손길이 되어

그네를 밀어주던 아버지의 손길
병상을 밤새 지키던 어머니의 손길
차갑게 떨치고 떠난 젊은 날의 손길
꼭 잡고 놓칠세라 아슬아슬 걸었던
딸아이의 손길까지도

지금 열에 들뜬 내 가슴은
그 누구의 손길을 기다리는가
마른 혀에서 감기는 언어들은
지난날 그 누구의 이름들인가

몸속을 돌던 빗방울들은
잠들지 못하는 눈을 통하여
36.5도가 넘는 뜨거움으로
밖으로 밖으로 흐르고 있다
5월 어느 날, 비 내리는 밤에

비에 젖는다

비가 내리면
밤은 비에 젖어 흐른다

키 작은 풀잎도
고개 숙인 가로등도
비에 젖는다

멀리 떠나는 이도
홀로 남는 이도
비에 젖는다

비가 내리면
시간도 비에 젖어 흐른다

비 오는 거리

비 오는 거리에 서면
온통 마음이 젖는 이들
맘속에 묻힌 응어리들이
빗물에 젖어 쓸려 나오는
그 쓸쓸한 표정들에서
닮은 표정을 찾고 있는데

차가운 비는 더욱 더 내려
왜소한 이들의 마음을
밑바닥까지 헤집어 내고
나 또한 다를 바 없어
콘크리트 지붕 아래
그 쓸쓸함을 맞고 있는데

잠시나마 갈 곳을 잃고
그저 바라만 보는 거리
쓸쓸함이 두려운 이들은
등불을 찾아 들어가고
거리에는 젖은 낙엽마냥
젖은 이들만 머무르는데

그래도 비는 마냥 내리고
더 젖을 수 없는 몸과
더 젖을 수 없는 마음

그렇게 젖어버린 이들은
홀로 혹은 여럿으로
빗속, 어딘가로 떠나는데

비 오는 날의 수채화

비가 내리는 날, 당신이 오셨기에
이별 인사인 줄로 알았습니다
응접실 창가에 앉아
방금 내린 커피를 마시며
우리는 비를 이야기 하였습니다
빗방울은 닿는 곳에 따라
소리가 달라진다고
양철지붕 위로 내리는 소리
풀잎에 떨어지는 소리
처마 밑으로 흐르는 소리

우리가 나누는 이야기들은
맑은 빗방울이 되어
가슴 위로 떨어집니다
빗방울 소리는 맑게 울리며
'비 오는 날의 수채화'
노래에 담겨 흐릅니다
겨울비 내리는 창가
창밖에는 봄이 옵니다
겨울비 내리는 날, 당신은
봄빛으로 내 마음을 채우십니다

사람이 꽃보다 아름다워

내 나이 30대
정지원의 시
'사람이 꽃보다 아름다워'를 읽었을 때
그 시를 좋아할 수는 있었지만
그 시를 인정할 수는 없었다
꽃을 가장 사랑하였던 나는

내 나이 40대
안치환의 노래
'사람이 꽃보다 아름다워'를 들었을 때
그 노래를 좋아할 수는 있었지만
그 노래를 믿을 수는 없었다
그래도 꽃을 더 사랑하였던 나는

내 나이 50대
세월이 빚은 얼굴
'꽃보다 아름다운 사람들'을 만났을 때
그 시와 그 노래를
인정하고 믿을 수밖에 없었다
적어도 오늘 같은 날에, 나는

사랑의 흔적

우리의 사랑
오랜 시간이 지난 후에
어떤 흔적으로 남아 있을까

따뜻했던 웃음도
가슴 아팠던 눈물도
어떤 유물이 되어 전시될까

지금 이 순간
우리의 기억을 넘어
세월의 뒤안길로 흐른 날

우리 사랑의 흔적
빛나는 장식일까
빛바랜 자취일까

세월이 지나는 벽
그 틈으로 멀어져 가는
우리 사랑의 슬픈 뒷모습

사막의 꽃

황혼의 사막을 거닐다
나는 보았네. 한 떨기 꽃을

모래에 알알이 부서진 빛이
작은 꽃잎에 닿아
형언할 수 없는 빛깔을
뿜고 있었네

길도 없고 관객도 없는
이 멀고 황량한 무대에서
꽃은 춤을 추듯이
바람에 흔들리고 있었네

밤이 오면
별들이 맞아줄까
이토록 외로운 율동을
슬픈 춤사위를

황혼의 사막을 거닐다
나는 보았네. 두고 온 너를

사직동 가는 길

독립문과 광화문을 잇는 사직터널
과거의 경건함과 시대의 중심이지만
사직터널 위의 비껴선 오솔길에는
아직도 과거를 살아가는 풍경이 있다

시속 80km의 터널을 발아래에 두고
시속 3km로 오솔길을 걸어 오르면
시간이 외로이 방황하고 있는 모습
시간과 더불어 멈춘 가을이 보인다

오늘을 어제마냥 살아가는 삶의 자취
소나무 껍질마냥 굳은 세월의 조각들
그 흔적을 수놓으려 낙엽이 물들면
오래된 집터, 담쟁이 성곽이 장식된다

산보

계절이 봄에서 여름으로 가는 날
백운산 중턱, 노닐다가 거닐다가
우연이 마주친 환한 들꽃들 무리
물이 멈춘 계곡을 들꽃이 채운다

꽃이 되어 잡은 포즈는 어색한데
저기 먼 산들도 예를 보고 있을까
불어오는 바람이 숲의 웃음인 듯
한 걸음 더 가는 길, 꽃이 또 핀다

즐거운 이 봄날은 녹음이 채우고
머지않아 낙엽 위를 눈이 덮으니
시간도 세월도 웃음 속에 지는 꽃
돌아서 보는 길에 흰구름이 온다

삶

삶은
행복과 불행이 어우러지는 것
불행이 행복을 덮는 날이 오더라도
그 위를 또 다른 행복으로 덮으며
잊은 채 살아가는 것

완전한 행복을 바라지 말자
영원한 생명을 구하는 것과
그 무모함이 다름 없을지니

다만
외롭고 힘겨운 날이 오더라도
묵묵히 참고 견디어 가면
또 다른 행복이 오리라는
희망을 가지고 살아가는 것

살다보면
행복도 불행도 어우러져서
여러 꽃들로 덮인 화단처럼
어우러짐 자체로 아름다우며
세월이 지나면 그리워질 터이니

서러워 좋은 날

인생은 서러운 것이라고
어릴 적 숱하게 들려오던
어르신들의 슬픈 혼잣말
이제사 나이가 들어보니
인생은 서러운 것이었네

돌아보는 마음 한구석에
고향의 옛집이 다가오고
할머니의 마른 눈물 자국
할아버지의 잎담배 연기
먼 산기슭 아래에 보이네

서러워 좋은 날, 바람이 부네
서러워 좋은 날, 안개가 오네

성북동 성당

붉은 벽돌의 성북동 성당을 찾는다
젊은 날, 성북동 마을을 찾았을 때
북악산과 더불어 마음을 끌었던 곳
20여년 북악산 자락에 살아오면서
힘들 때 남 모를 의지가 되었던 곳
여름이 오는 무렵, 발길이 닿는다

아름다운 마을에서 살아온 시간이
사연과 더불어 계절로 흘러갔는데
성당과 성모 마리아는 그대로이다
그때 마리아를 보던 30대 젊은이가
50대 중년이 되어 계절을 보고 있다
홀로 긋는 성호, 하늘엔 구름이 간다

손짓

감기가 찾아온 날
가을의 오후

거리에서
나를 부르는
플라타너스의 손짓을
애써 외면하고

산길에서
머물라 하는
단풍나무의 손짓을
겨우 뿌리치고

집에 당도한 날
시월의 오후

창가에서
뜰로 부르는
담쟁이 넝쿨의 손짓을
바라보는데

어떻게 할까?
나갈까? 말까?

마음만 설레는 날
금요일 오후

술이 필요한 이유

술이 차갑게 넘어갈 때는
혼돈과 울분으로
불길이 활활 타올라
그대로 두면 재가 되어갈 때

술이 부드럽게 넘어갈 때는
관용의 부족으로
모서리가 날카로워져
그대로 두면 날이 서 버릴 때

술이 뜨겁게 넘어갈 때는
돌이킬 수 없는 회한으로
마음이 차갑게 식어
그대로 두면 얼어버릴 때

술이 물처럼 넘어갈 때는
삶의 시달림으로
가슴이 황폐해져
그대로 두면 사막이 되어갈 때

스테인드 글라스

고딕 양식
색 유리창의 오묘함
가시광선
그 스펙트럼의 분리

오래된 성당
작은 피조물로 서면
형형색색 나누어지는 빛의 조각들

오래 전 가을 운동회
높이 걸린 바구니 아래에 서면
형형색색 흩날리던 색종이 조각들

오래된 성당에서
오래 전 시절로 돌아가는 걸까

그 조각들을 안으려
두 팔을 펴면

미사 제단 한 켠
성모 마리아의 미소
느티나무 아래
어머니의 그리운 웃음

시디 부 사이드의 '좁은 문'

앙드레 말로가 칭한
'하늘과 땅과 바다가 하나가 되는 곳'
하늘과 바다와 도어들, '3블루의 마을'
끝없이 파란 하늘과 바다
길게 펼쳐지는 하얀 벽에
건포도처럼 박혀 있는 마린 블루
그곳, 시디 부 사이드에서
앙드레 지드는 '좁은 문'을 써내려 갔다

끝없이 허무한 제롬과 알리사의
사랑이 아닌 사랑
이별이 아닌 이별
알리사가 향한 '좁은 문'은 과연
신의 천국으로 향하는가
제롬이 갈망한 현실로의 회귀는
인간의 소소한 욕구인가

오늘은 내일을 위하여
끊임없이 희생되어 가는데
과연 내일은 올까
내세의 불확실한 이상과
현세의 소소한 행복
그 가치를 저울질한다
결국 그들은 아무 것도 이루지 못하였다

시디 부 사이드
오늘과 내일, 현실과 이상이
혼돈스레 어긋나는 배경
하늘과 바다는 짙은 구름으로 덮이고
그 아래로 회한의 비는 내린다
길게 펼쳐지는 하얀 벽에
건포도처럼 박혀 있는 좁은 문들
모두를 뒤로 하고 기차는 떠나고 있다

시우리를 지나며

북한강을 향할 때는
늘 시우리를 지난다

시우
때를 맞추어서 내리는 비
라 하였던가
이곳은 늘 젖어 있다
이곳에 오면
내 마음도 늘 젖어 든다

고향을 닮은 마을
그 높이의 산이 있고
그 깊이의 개울이 있고
긴 밭이랑이 있고
산 아래 옛집들이 있고

차로 5분이면 지나는 마을
한 켠에 차를 세우고
먼 곳 어딘가를 본다
잊었던 무언가를 본다

시우리에서 보는 고향은
늘 눈물로 젖어 있다

아버지의 편지

예나 지금이나
익숙한 필체
아버지의 편지

읽기도 전에
마음이 시리고
눈물부터 고이네

조심 조심 살고
건강 챙기라는
아버지의 편지

읽는 글귀마다
살아오신 세월이
슬프게 스며 있네

예나 지금이나
익숙한 말씀
아버지의 편지

세월이 갈수록
한 줄 또 한 줄이
가슴을 저미네

아우라지역

물길은 만났어도
인연은 이루지 못한 곳
아우라지 나루터에
기차가 멈춘다

그림자는 길어져 가고
갈 길은 먼데
떠날 줄 모르는 기차
금빛으로 반짝이는데

언제 떠날지
언제까지 머무를지
서산을 넘는 해
날은 어두워지는데

나그네가 되어
거닐어 보는 풍경
움츠린 잎새들 사이로
햇살이 잘게 부서진다

아이에게

빛을 보려면
그늘이 있어야 한다

어둠이 있어야
밝음이 보이고
피곤에 절어야
단잠에 취한다

비에 젖은 나그네가
모닥불의 아늑함을 알고
고독한 순례자가
신에게로 깊이 다가선다

오늘도 그늘에서
울고 있는 아이야

겪고 넘어야 할 언덕 저편에
너의 빛이 머문다

애기똥풀꽃

봄꽃들이 떠나는 마당, 노란 꽃들이 핀다
들꽃에 익숙한 벗이 '애기똥풀꽃'이란다
꽃 이름을 듣는 순간 오는 느낌
아! 꺾인 줄기에서 나오는 노란 수액

가만히 들여다보면 이름만큼 정겹다
꽃봉오리에는 솜털이 보송송하고
열매는 작은 콩꼬투리처럼 맺히고
길게 뻗은 암술 주위로 오종종한 수술들
엄마 곁에 모여서 노는 애기들 같다

미풍에 흔들리는 네 장의 얇은 꽃잎
두 해만 사는 아쉬움으로 오래 피는 꽃
키 큰 나무들 아래, 노란 물결이 찰랑인다
꽃말은 '엄마가 몰래 주는 사랑'이란다

어머니

쾅! 쾅! 어머니 가슴에 박은 대못

이제사 뽑아드리려 더듬어 보니

그마저 자식 손때 묻은 것이라며

가슴속 깊숙이 간직하고 계시네

여행 스케치

언젠가, 그날
모르는 곳, 모르는 카페에 있었다
모두를 두고 멀리 떠나서
두고 온 모든 것들을
먼 풍경으로 보고 있었다
기억으로 두고 있었다

언어도 얼굴도 낯선
이방인들만의 그 카페
생각할 이도
말을 거는 이도
연연해 할 일도 없는
통신마저도 두절된 곳에서 나는
두고 온 모든 것들을
온전히 잊으려 하였고
잊어버렸다. 그 시공에서는

내가 할 일은
담배를 무는 것
에스프레소를 마시는 것
하늘을 바라보는 것뿐이었다

그리고, 바람과 햇살이
허허로이 지나는

정지된 시간의 창가에서
오래도록 긴 글을 썼다
먼 이야기
가슴에 켜켜이 쌓여온 이야기
잊혀진 이야기들에 관하여
잊혀질 이야기들에 관하여
　　·
　　·
　　·
　　·

시간은 움직이고
멀어졌던 풍경으로 돌아온 지금
그 기억을 더듬으면
그것은 실로
완벽한 도피였다
또 다른 시간이었다
각인된 여행이었다

역방향 좌석

기차를 타고
역방향 좌석에 앉으면
멀리 사라져가는 풍경이 보인다

만나는 만큼
보내야만 하지만
다가오는 것을 맞이하느라
멀어지는 것에 익숙치 못한 삶

멀리 사라지는 것만큼이나
슬프도록 예쁜 기억이
또 어디에 있을까

멀어지는 것을 각인하여
기억의 창고를 채우고 싶다

동무들의 노래
날아가 버린 방패연
검은 새가 오르던 들녘
멀리 가버린 사람
돌아오지 않는 웃음

역방향 좌석에서
멀리 사라져가는
기억의 풍경을 새기고 있다

옛 생각

시골길 버스는
구불구불
이 마을 저 마을

창밖의 풍경은
여기 저기
이 모습 저 모습

창가의 나는
흔들흔들
이 생각 저 생각

오늘밤에는

오늘밤에는
나의 이야기와 글이
맑은 옹달샘의 물이 되어
밝은 아침해의 빛이 되어
너의 귓가에 눈가에
맑게 흐르고
밝게 비치면 참 좋겠다

어제 하루 종일
사무실에서 거리에서
마주쳐야만 했던
상처가 된 말들
오염된 광경들이
맑게 씻기어져서
네가 새아침을 열 수 있도록

오늘밤에는
고흐의 '별이 빛나는 밤'
베토벤의 '월광 소나타'
보다도 아름다운
나의 이야기, 나의 글을
샘물로 햇빛으로
네게 보내고 싶다

외롭지 않은 사람은 없다

외롭지 않은 사람은 없다
누구나 외롭거늘
그 외로움을
어떤 이는 가슴에 묻고
어떤 이는 술로 잊으려 하고
어떤 이는 벗을 찾아 나선다
부질없는 짓
소울메이트란 없다
홀로 드러내고 곱씹을 일이다

외로울 때는 외로워하라
어찌하여도 외롭거늘
그 외로움을
모르는 음악을 듣고
작가 미상의 글귀를 읽고
일관성 없는 낙서로 옮겨라
힘겨운 날갯짓
소울메이트란 자신밖에 없다
홀로 외로움의 바닥까지 내려갈 일이다

외로울 때는 길을 떠나라
긴 밤 차가운 바람과 함께
먼 길을 걸으며
곁을 스치는 이들

헛웃음 짓는 가슴마다
납덩이로 흔들리고 있는
남모를 한숨과 눈물을 느껴라
누구나 외롭다
잊으려 살아가고 있을 뿐이다

윤곽

한세월 그 순간이
아주 잊혀지기야 하겠냐마는

세월이 흐르면
색도 향기도 모습도
흐려져가고
아련한 윤곽만 남아
어둡고 밝은 기억만 남아

선명하지도 않고
잊혀지지도 않는
그 어설픈 윤곽과 기억으로

비가 오면 오는 대로
바람이 불면 부는 대로
몸을 마음을
쉴 새 없이 흔들어 댄다

채 닫히지 않은 유리창이
비바람에 요란히 흔들리듯이
어설피 보내고 떠난 인연이
기억에 이리저리 흔들리듯이

몸을 마음을
서럽도록 흔들어 댄다

은혼의 날

행복할 때는
함께 웃으며
힘겨울 때는
함께 손잡고
여기까지 온 길

남은 길에는
어떤 사연들이
펼쳐질까
얼마나 웃을까
힘겨움도 있을까

예까지 왔듯이
하루 하루
오손 도손
그렇게 살아가면
의미 있는 삶일까

행복할 때는
함께 웃으며
힘겨울 때는
함께 손잡고
앞으로도 갈 길

인연

우리가 사는 현실의 인연
술 한 잔에 맺어지고
말 한마디에 끊어진다

긴 편지를 쓰고
담장 아래를 서성이고
오래도록 그리워하여서
맺어지는 인연도 아니고

눈물로 옷깃을 적시고
헛되나마 기약을 하고
사무치는 아픔으로
끊어지는 인연도 아니다

자본주의와 통신의 발달
그 잔재의 찌꺼기들이 쌓여
인연의 깊이가
한층 얕아진 현실

오늘 맺어진 인연은
내 우둔함으로 끊어진 인연
소원했던 인연들과 함께
동아줄로 꽁꽁 엮고 싶다

잠수교

서울에서 바다가 그리우면 잠수교로 가자
잠수교에 서면 해변인 듯 물과 평형이 된다
파도가 다녀갔는가, 걷는 길은 물에 젖는다
비가 오는 날이면 멀리에서 물안개가 온다

강은 바다가 그리워 물결치며 흐르는가
물결 너머로 아득한 곳은 바다의 저편인가
한 켠에는 섬이 되고픈 '둥둥섬'이 떠 있다
비가 오는 날이면 잠수교로 바다가 온다

정동진에서

정동진에서는 시간이 보인다
꿈은 기억으로, 기억은 꿈으로
하염없이 밀려오는 시간의 물결들
모래알로 부서지는 꿈과 기억들

정동진에서는 시간을 돌린다
기억은 꿈으로, 꿈은 기억으로
끊임없이 이동하는 시간의 조각들
모래알로 쌓여가는 꿈과 기억들

제주에서는

제주에서는
산도 물도 멀리 보인다
바람도 시간도 멀리에서 온다

가까이 보이고
가까이에서 오는 것들은
눈의 초점을 맞추어야 하고
그 몸짓에 신경을 세워야 하지만

멀리 보이고
멀리에서 오는 것들은
그저 그 모습으로
그저 그 몸짓으로 느리게 흐른다

산에서 오는 구름은
느릿느릿 바다로 내리고
바다에서 오는 바람은
느릿느릿 산으로 오른다

제주에서는
내 모습도 몸짓도 멀리서 온다
작은 한 점으로 느리게 걷는다

주민으로 등록한 날

나 어릴 적에는
오래 살지 못하는 아기들이 많아
반년쯤 키워 보고
살아갈 듯하면 출생신고를 했다는데

우습기도 하지만
돌이켜보면 슬픈 이야기
오늘은 내 어머니가
내가 살아갈 듯하다고 판단하신 날

조마조마 아버지가
총총걸음 논둑길을 걸어
면사무소 문턱을 넘어
환한 웃음으로 출생신고를 하신 날

나 오늘
진짜 생일 아니래여
주민으로 등록한 날이래여

질문

나의 가슴에 햇살이 비치면
창밖의 나뭇잎들이 반짝이고
나의 가슴에 비가 내리면
창밖의 나뭇잎들이 젖어든다

누구인가?
그늘지고 황량한 내 가슴에
햇살을 비추고 비를 내려
창밖의 세상마저 바꾸는 이는

차창에는 비

차창에는 비

버스 유리창에 송골송골 맺힌 빗방울들이
보도블럭에도, 낡은 건물 벽에도 투영이 되어
도시가 눈물을 흘리고 있다

늙은 어머니의 메마른 가슴에
길을 걷는 가장의 굽은 어깨 위에
책가방이 등짐이 되어버린 아이들 이마에
도시의 눈물이 떨어지고 있다

쓸쓸한 노교수를 만나러 가는 버스 안으로
그 쓸쓸함의 틈을 빗방울은 헤집고 들어와
그늘진 웃음, 나눌 이야기를
더욱 구슬프게 적시고 있다

비가 내린다
어느 슬펐던 날
채 못다 흘린 눈물이 되어
채 적시지 못한 옷소매가 되어
슬픈 이야기마냥 빈 가슴을 채우고 있다

내 마음에는 비

창밖에는 시간, 창 안에는 어둠

오래된 홀에서 격자창으로 바라보는 강
창밖에는 시간이 강이 되어 흐르고 있다
시간의 강을 흘러간 젊은 날의 인연들은
얼마만큼이나 멀리로 떠나가고 있을까
못내 그리워하면 다시 거슬러올 수 있을까

창을 통하여 깊이 드리워지는 그림자
언제까지나 어둠 속에서 바라보고만 있다
어둠 속으로 돌아온 젊은 날의 나는
시간의 나루에서 배를 띄우고 떠나야 할까
못내 그리워지면 다시 커튼을 내려야 할까

창밖에는 시간, 창 안에는 어둠이 흐른다

초록의 갑옷을 입어라

살아가면서 겪는 오류와 갈등 아래
코르크로 말라가는 힘겨운 영혼들
휘청이는 걸음으로 먼 집을 향하면
피로와 회한은 뼛속 깊숙이 스민다

어느 바람 부는 날에는 산으로 가자
산마루에 올라 오래도록 머무르며
아래를 굽어보듯 고사목으로 서자
오르내리는 산바람에 몸을 맡기자

씻기우듯 몸을 흐르는 초록의 내음
바라보면 덧없이 멀리 밀쳐진 일상
어차피 되돌아가 겪을 전장이라면
산바람 물든 초록의 갑옷을 입어라

튀니스, 메디나에서

부르기바 대로
튀니지의 수도 튀니스의 중심
프랑스 상제리제 거리를 모방한 길
이 길의 끝, 프랑스문 뒤에는
프랑스 뒤의 중세 아랍이 공존한다
중세 유럽을 뒤로 하고 아랍으로 가는 길
전통시장인 수크를 따라 오르면
중세 아랍의 구시가지 메디나,
그 뒷골목들을 만난다

튀니스를 찾는 사람들은
프랑스식 건물과 문화, 그리고
2,500년 전의 도시 카르타고와
튀니지안 블루의 마을 시디 부 사이드에
마음을 빼앗기지만
나는 가장 먼저 들른 곳
삶의 설움과 애환이 끈적끈적한 곳
메디나의 뒷골목을 잊을 수가 없다

천년 남짓한 폐허의 도시
가는 물길처럼 이어지는 좁은 골목들
외진 그늘들의 연속
방치된 쓰레기 더미 위로
고양이들은 무리를 지어 지나고

빛바랜 칸두라와 차도르를 두른
오래된 그들, 튀니지안들은
그들만의 방식으로 생계를 잇고 있었다

어두운 식당, 물담배 연기 오르는 카페
폐허의 벽들 사이로
선뜻선뜻 비치는 슬픈 장식들
그들의 웃음, 그들의 이야기들
역사가 저무는 마을에 해도 저물고
저물어 가는 세월인가
내 또래인 듯한 힘겨운 사내는
멀리서 작은 보따리 하나로
가족이 기다리는 집을 향하고 있었다

파도의 길을 떠난 제자들에게

꽃은 떨어지면 다시 피고
철새는 날아가면 다시 오지만
아이들은 떠나면 돌아오지 않고
파도치는 세상으로 나아간다

파도의 길에서 그들보다 앞서
힘겨운 경쟁과 혼돈을 겪었기에
그들이 안아야만 할
상처와 고통의 우려가 크다

졸업까지는 성장이었고
그 성장된 힘과 노력으로
세상 어디에선가 외로이
파도를 마주하고 있으리라

선의의 경쟁만을 배웠지만
더 혹독한 경쟁도 있음을 느끼며
노력의 열매가 달지만은 않다는 것
최선만이 최선이 아니라는 것도
경험으로 깨닫고 있으리라

그들이 떠난 5월의 교정
그들의 꿈이 머물던 자리
함께 보낸 날들을 돌아보며

축복과 기원을 보낸다

파도 속을 헤매일 때에
별자리를 보고 길을 찾는 지혜로
바람에 맞춰 돛을 조절하는 어울림으로
지혜롭게 어울리며 살아가기를

성공은 무모한 도전이 아니라
실패하지 않는 지혜에 있음을
인생은 맞서 헤쳐가는 것이 아니라
어울리며 가는 것임을 기억하기를

편지

너를 만나기 오래 전부터 나는
너에게로 보낼
편지를 써왔는지도 몰라

하고 싶은 말, 듣고 싶은 말
표정도 장식도 없는 내 이야기
빼곡하게 담아 써 내려간 편지
낙엽이 떨어지고 있어 슬프다고
눈이 내리고 있어 기쁘다고
그렇게 써 내려간 너를 향한 편지

바람이 불면 바람에 실어
구름이 가면 구름에 담아
이미 너에게로 보냈는지도 몰라
낙엽이 지는 날
낙엽이 되는 내 마음을
눈이 내리는 날
눈사람을 닮은 내 모습을

너를 만나기 오래 전부터 나는
너에게서 올
답장을 기다렸는지도 몰라

편지를 쓴다

시간 저편으로 편지를 쓴다
닫힌 기억의 창고를 헤집어
잊혀진 기억들을 그러모아
가슴속에 켜켜이 쌓아 두고
하나 둘 꺼내어 먼지를 털면
어슴프레 일어서는 그 인연들

안개 속에 희미한 그들이여
잊혀진, 잊혀져간 그들이여
기억의 먼 빛을 찾아 오르며
못다 한 말, 못내 하고픈 말들
그리움과 기다림에 담아
편지지에 길게 써내려 간다

왜 그리 떠나야만 하였던지
왜 그리 보내야만 하였던지
잊기 위해 살아온 세월인지
살기 위해 잊어온 세월인지
빛바랜 편지지 위로 떨어지는
서글픈 회한의 눈물들이여

이별이 있어 삶은 아름다운가
그리움과 기다림이 있기에
삶은 슬플수록 깊어지는가

지나온 시간을 되돌아보며
기억 저편에 머무는 이들에게
눈물로 지워질 편지를 쓴다

하루살이

하루를 살아가기 위한 날갯짓, 그 무한함
50년을 살아온 내 걸음걸이 수보다 많다

하루살이 아래, 고개를 떨구고 지나간다

회상

아득한 날
하늘 푸르던 그날
웃음과 애환이 있던 곳

이제는 텅 빈
시간에 쓸려간 폐허가 되어
저무는 회상으로 머물러 있다

멀리 떠나간 인연
홀로 낡아간 흔적
먼지가 되어버린 사연들

겨울에 어울리는 풍경이 되어
찾지 않는 곳 한 켠에
머물러 있다

그날 그 자리에 다시 서면
잊혀진 땅에서 일어서는
회상들이여

멀리 흩어진 웃음소리
메아리가 되어 돌아오는데
그리운 이들은 어디로 갔나

폐허에 부는 바람
마른 풀은 눕고
회상은 다시 일어서고 있다

KIST

20대 중반부터
40대 중반에 이르기까지
젊은 시절이 머무른 곳
빛나는 웃음들
눈부신 꿈들이
흘러오고 흘러간 곳

젊은 날의 패기와
성숙한 열정이
꿈으로 현실로 어우러진 날
하나를 위해
모두를 걸던 날
그 날들이 떠오르는데

그 길을 걸으며
길가 가로수마다
연못 위를 스치는 바람결마다
오래된 건물, 빛바랜 벽마다
흔적으로 남겨진
우리 젊은 날들을 본다

모두가 변하였고
많은 것들이 저물어간 날
빛은 빛으로

바람은 바람으로
젊은 날의 영상이 되어
빈 가슴에 맺히고 있다

탈고를 위한 단상

과거는 그리워할 수는 있어도
돌아갈 수는 없는 곳
미래는 그려볼 수는 있어도
앞서 갈 수는 없는 곳

과거와 미래의 이야기들은
그때의 나에게 맡겨두고
지금의 내 이야기를 담자
그리움도 좋고 꿈이라도 좋다

가볍게 글랜싱하는 기분으로
100편 정도만 추려본다면
두께도 무게도 적당하여
모바일 시대에도 걸맞겠고

어떤 이야기들을 고를까
너무 깊지도 얕지도 않은
어중간한 깊이의 이야기들
벗과 나누는 편한 이야기들

배열은 어떻게 할까
'가나다' 순으로 하여야겠다
그래야 내가 좋아하는 계절
'가을'이 먼저 나오게 되니~

미루나무 아래에서

초판 1쇄 인쇄 | 2016년 11월 25일
초판 1쇄 발행 | 2016년 11월 30일

지은이 | 주병권
펴낸이 | 윤영희
주　간 | 김길형

펴낸곳 | 도서출판 **동행**
등록번호 | 제2-4991호

주소 | 서울시 중구 을지로 14길 16-11 (2층)
전화 | (02) 2285-0711, 2285-2734
팩스 | (02) 338-2722
이메일 | gongamsa@hanmail.net

ⓒ 2016. 주병권, Printed in Korea
　　저자 : bkju@korea.ac.kr

값 10,000원
ISBN 979-11-5988-003-2　　03810

판매 수익금 전액은 사회복지법인 및 문학발전기금에
기부됩니다.

* 저자와의 상의하에 인지는 생략합니다.
* 파본 및 잘못된 책은 서점에서 교환해 드립니다.